바람, 나뭇잎 하나

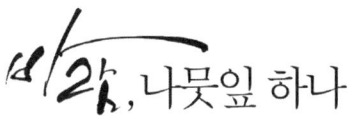, 나뭇잎 하나

강윤수 시집

이 작은 책을
책방에서 보거든

이 작은 책을
길거리에서 보거든

이 작은 책에
사랑하는 사람이 있거든

미움도 사랑이고
미움도 변하지 않는 사랑이라고

글쓴이의 말

학창 시절
몇 자 끄적이던
부족한 글들을 모아
간직한 '바람, 나뭇잎 하나' 라는
작은 책 한 권으로

순수한 시절을
떠올리며, 쉴 새 없이
머물렀던 곳을 떠나서

자연에서
생활 주변에서
우리들 이야기에서

또 다른 삶의 길을 가고자 합니다.

2020년 1월

강 윤 수

목차

4 _ 글쓴이의 말

하나

14 _ 바람
15 _ 오늘 하루
16 _ 별 하나
17 _ 허무함
18 _ 9월
19 _ 코스모스 길
20 _ 나팔꽃
21 _ 봄 바다에서
22 _ 사랑은 이제 그만
23 _ 우산 하나
24 _ 밤하늘
25 _ 오늘은
26 _ 단풍잎 바다

27 _ 첫사랑
28 _ 홀로된 거리
29 _ 멀리서 사랑한 이별
30 _ 동그라미
31 _ 풀잎 사랑
32 _ 돌 하나
33 _ 개나리꽃
34 _ 가을별
35 _ 우리가 가던 길
36 _ 약속

둘

38 _ 늦은 가을
39 _ 가을 편지
40 _ 안개 이슬
41 _ 공기

42 _ 뒷모습

44 _ 나그네 3분

45 _ 벚꽃길에서

46 _ 도시의 거리

47 _ 가을비 사랑

48 _ 그대는

49 _ 새벽 이야기

50 _ 편지 한 장

51 _ 때늦은 사랑

52 _ 산골 항아리 추억

54 _ 백지

55 _ 철쭉

56 _ 세월

57 _ 물안개

58 _ 봄

59 _ 언제나 안녕을

60 _ 가로등

61 _ 파도 이야기

바람의 계절, 그대 그리고 나

62 _ 눈길에서
63 _ 긴 머리 소녀
65 _ 춘장대에서

셋

68 _ 바닷가에서
70 _ 들꽃
71 _ 우리 모습
72 _ 추억
74 _ 너와 나
75 _ 아픈 사랑
76 _ 낯선 거리
77 _ 이슬
78 _ 버스 안에서
79 _ 공원에서
81 _ 비 오는 날

82 _ 오직 한 사람만 좋아하잖아요
84 _ 대둔산에서
86 _ 하숙집
88 _ 도서관에서
89 _ 포도밭
91 _ 여주 신록사에서
92 _ 서울에서
94 _ 5월이면
95 _ 내장산에서
97 _ 마음 하나
98 _ 그대를 사랑합니다
99 _ 길모퉁이
101 _ 임이 오는 길
102 _ 그곳에서

넷

104 _ 인연 하나(1)
106 _ 인연 하나(2)
108 _ 꽃은 선이는 아름다워요
109 _ 다시 만나 사랑하게요
110 _ 서울 거리
112 _ 겨울
113 _ 하얀 눈꽃
115 _ 미련
116 _ 비가 오면
117 _ 허수아비 사랑
119 _ 사랑
120 _ 노을빛 여인(1)
121 _ 노을빛 여인(2)
123 _ 갈대 밭
125 _ 바라본 당신
126 _ 훔친 사랑

128 _ 치악산 가는 첫째 날
130 _ 치악산 가는 둘째 날
132 _ 치악산에서 돌아가는 길
133 _ 산골 소녀
136 _ 하숙집 토요일
139 _ 선이의 노래
141 _ 바람, 나뭇잎 하나

바람의 계절, 그대 그리고 나

-

하나

바람

바람
나뭇잎 속으로

바람
구름 속으로

바람
눈비 속으로

봄
여름
가을
겨울로 가는 바람이다

오늘 하루

오늘 하루
떠오르는 사람이 있습니다

파란 잎
오색 잎
하얀 낙엽
인연으로 만난 사람

오늘 하루
이른 아침 향기 같은 사람

오늘 하루
한 잔의 갈색 커피 같은 사람

오늘
하루 내내
아름다운 향기로
시들지 않는 꽃과 같은 사람입니다

별 하나

오늘 밤
안갯속 사랑이다

이슬
이슬방울
이슬비이다

오늘 밤
사랑이 흩어지고 있다

흩어진 사랑
그리움을 별들에게 말하고

어느새
남은 별 하나에 기대어본다

허무함

밤하늘
내려온 별
나뭇잎에 소곤댄다

늦은 밤
별빛 물드는
나뭇잎 단풍이다

가을밤
홀로 떠다니는
구름이다

산 너머
안개 이슬이다

초로草露의 삶
서러워서
흐르는 강물이다

9월

코스모스 꽃 속에서 머물다가
들꽃으로 가는 바람이나

강물에서 머물다가
안개 이슬로 가는 바람이나

초저녁 나온 별들이
하나, 둘 바람에 실려 가는 바람이나

결국은
구름 앞에 가서
울고

희야!
하늘은 자꾸만 자꾸만 높아 가는데
인제 우리는 어느 앞에 가서
한 울음 더 울어야 하나

코스모스 길

초록 잎
꽃잎마다
빨간 색칠
춤추는 코스모스 길

되돌아가던 길
머물던 곳에서
코스모스 파란 하늘을
바라보면

지난날
우리가 줄 수 없었던
코스모스 꽃잎 하나를
바람에 내밀면

구름 떠나듯
꽃 피고 지는 세월
코스모스 길이다

나팔꽃

산 넘어오는
해

꽃잎 여는
나팔꽃

엷은 미소
나팔꽃

돌담장 넘어간
나팔꽃

기댈 수 있는
나무

휘어 감는
나팔꽃 사랑이다

봄 바다에서

해 지는
하늘 바다
빨갛다

그녀 이름은
빨간 장미이다

먼
하늘 바다
노을 속에서 오는 사람이다

빨간 장미
아름다운 봄 바다이다

오늘
꽃 피는
빨간 노을
빨간 장미이다

사랑은 이제 그만

이루어 온
우리 사랑 빛깔

늦은 봄
어루만지면 오르기 힘든
어두운 밤이다

미움을 넘어선
눈물 고인 하늘이다

젖은 눈
비 내리는
어두운 밤이다

우산 하나

아카시아 길
붉게 물든 코스모스

꿀벌들
춤추고 노래하고
꽃잎 날리고

연분홍 향기
코스모스 하늘
쉬어 가는 구름

한줄기 바람
아카시아 코스모스 소나기
우산 하나

밤하늘

밤하늘
쏟아지는 별빛이다

숨은
밤하늘이다

높고 낮은 산
휘어진 구름 길이다

나무숲
별빛이 내린다

휘어진 곳마다
별빛 연인들 속삭인다

오늘은

오늘은
못내 아쉬움에
혼자 말하고

오늘은
전화기만
만지작거리고

오늘은
사진만 보고

오늘은
전화벨 소리에
보고픔이 더한다

단풍잎 바다

쉬어가는
해
단풍잎 바다

'연인들 옛이야기' 만
남긴 채

여객선은
하얀 물결치고

단풍잎 떠난
바닷소리

밤새 오는
해를 기다린다

첫사랑

그대 생각에
벅찬 내 마음을
어두운 하늘로 올려본다

그대 사랑에
머물 수 있다면
행복하다고 생각했는데

지금에 와서야
그냥 스쳐가는 한 사람인 것을

지긋이 눈을 감고 있으면
몇 해가
지나가는 조차 모르고

연필 한 자루
스쳐가는 시인처럼
나뭇잎 새겨진 첫사랑이다

홀로된 거리

도시 공간

혼자인
가로등 불빛

허기진
가로등 불빛

메밀 반죽
한 가닥 올려본다

가로등과 마주 앉은
홀로된 거리

멀리서 사랑한 이별

긴긴 시간 사랑

계절마다
오색 잎 사이로
내려오는 별들을 사랑하고

오래된 사랑

계절 한번
내려오는 별 하나
잊은지 오래이고

바라본 하늘땅은
아픈 구름 아픈 비가 내리고

가까이한 사랑보다
멀리서 사랑한 이별이다

동그라미

붉은 해
하얀 구름에 떠밀린
동그라미

동그라미
세월 공간이다

첫눈
하얀 눈
동그라미 시계

오늘 밤
여섯시 동그라미다

오늘 밤
치음 눈
처음 만나는
동그라미 시계 바늘이다

풀잎 사랑

풀잎
찾는 이
숨은 이슬이다

풀잎들
소곤소곤

풀벌레
사랑 찾기

풀잎
슬피 우는 밤

풀잎
떨리는
아침 이슬이다

돌 하나

돌 하나
던진 물결
어느 호숫가에서

돌 하나
던진 물결
세월 가는 줄 모르고

던진 물결
천둥 번개 오더니
무성한 풀잎들

풀잎에
발목 잡혀
뒤돌아보는 세월

개나리꽃

봄 길에
서 있는 소녀

노란 꽃
좋아하는 소녀

소녀
말 한마디

소녀 볼
살며시 온 개나리꽃

소녀
빨간 볼
노란 꽃 얼굴이다

가을별

가을별
가을 색깔
가을 마음입니다

찢어진
나뭇잎 하나
마음입니다

구멍 난
나뭇잎 하나
마음입니다

아픈 마음
텅 빈 마음
길 잃은 가을별입니다

우리가 가던 길

아무런 생각 없이
걷는 길이 몇 걸음인데

둘이서
처음으로 걸어가는 길

어느새 짙은 안개
헤매던 시간은 두 시간인데

우리가 가던 길
한 점 불빛 없는 길인가

우리가 가던 길
이대로 흘러가는 세월인가

우리가 가던 길
몰래 한 사랑 놓을 수는 없다

약속

격포의 바다
오늘 누굴 기다리나

추억에
잠겨본다

기다리다가
바라본 시계

다가오는
발자국 소리

나의 시선은
파도와 함께 하고

그녀의 시선은
하늘 공간에 있을 뿐이다

바람의 계절, 그대 그리고 나

-

둘

늦은 가을

같은 날
같은 시간
우연히 걸었던 늦은 가을이다

늦은 밤
늦은 가을 이야기를

별들이
다가온 하늘은 낮았다

멈춘 시계
잠 못 이루는
어두운 별빛이다

가을 편지

가을 숲
더운가 봐요

낙엽이네요
도토리 앉아 있어요

파란 잎
추억들

도토리
대굴대굴

기다린 사랑
가을 편지입니다

안개 이슬

밤하늘
강가에서
잠든 안개 이슬

밤하늘
잠든 안개 이슬
별빛 내려오는 사랑

사랑도
쉬어 가는 길
몰래 떠나는 길

밤하늘
숨바꼭질
빨간 빛이다
안개 이슬 여행길이다

공기

어느 해이던가
흐트러진 내 마음에

맑은 공기가
되어 주던 그 사람

지금은
그 맑은 공기는
어디에 있을까

한 번쯤은
만나고 싶은데

뒷모습

하얀 눈
녹아내리는
하얀 눈길이다

눈 내리는
서울역
차표 한 장이다

차 창가
쌓인 하얀 눈
녹는다

뒷모습
하얀 눈
펑펑 내린다

뒷모습
하얀 눈
펑펑 쌓인다

나그네 3분

긴 머리
작은 사랑 공간이다

무대
한 사람
조그마한 조명

가느다란
애절한 흔들림이다

긴 머리
눈물 훔친다

기나긴
슬픈 사랑
춤추는 나그네이다

벚꽃길에서

어둠이 짙어져
수많은 사람들 뒤로 미룬다

펼쳐진 벚꽃들
부딪치는 꽃잎들
모든 연인들에게 다가온다

가는 걸음
잠시 멈추고

우리 사랑
우리 걷는 길
하얀 꽃잎 속 예행연습

기쁜 사랑
슬픈 사랑
모두 여기서 함께한 사랑이다

도시의 거리

도시의 거리
술 내음
동전 몇 개를 꺼내

이 주막
저 주막에서
한잔 한잔하다 보면

수많은 사람들
소주 동동주 얘기를
듣는다

우리도
이 거리
저 거리에서
그러한 얘기를 했다고

가을비 사랑

가을 하늘
갈대바람이다

갈대 사이
슬픈 달빛 찾아 든다

갈대 숲
아픈 구름 찾아 든다

갈대 숲
머무는 바람
가을비 사랑이다

가을비
둘이서 흠뻑 젖는다

그대는

그대와 만남은
사랑의 연습인 것을

그대가 원하는 바가 아니듯이
나 또한 그러하고

잊을 수 없는 그리움은
가슴속에 묻어 둔
떠난 사랑이거늘

그대의 세월에
부는 바람은 아픔을 안고
고요히 흐르는 강물이겠지

새벽 이야기

깊은 밤
안갯속이다

향일암
목탁소리

땅 끝
검푸른 바다

바닷속
떠오르는 해
붉은 하늘 붉은 바다

붉은 해
새벽 기도
떨리는 입술
새벽 이야기다

편지 한 장

오늘 만남
좋은 만남 좋은 시간이다

더 예쁜 만남
더 예쁜 시간이다

편지 한 장
우리 공간을 지켜지는 사랑

편지 한 장
우리 모든 것을 다하는 사랑

우리
사랑한 계절이
사랑한 별들이
편지 한 장으로
늘 곁에 있는 사랑이다

때늦은 사랑

너는 웃고 있었지
사랑의 진실이었지

너의 곁을
떠난 다음에 알았지

사랑을
보고픔을

다시 널
찾아온 사랑

너의 가슴에
미운 눈물이 흐르고

때늦은 사랑은
바보였다

산골 항아리 추억

산골바람
소나기
항아리 속
반쪽 우산이다

산골바람
오색 잎
항아리 속
젖은 편지다

산골바람
밤하늘
항아리 속
달빛 사진이다

산골바람

산골 소녀

사랑 이야기

산골 항아리 추억이다

백지

백지에
가득 채워진 얼굴

수 없이
그린 얼굴 지우고

보고픔이
아려 오고

모퉁이
백지만 남는다

철쭉

오는 봄
비 오는 봄
기다린 봄 철쭉입니다

오랜 시간
곱게 물든 철쭉입니다

떠나는 봄
철쭉 새색시 분칠입니다

가는 봄
보내기에는 서러웠는지

철쭉은
구름에 묻혀 갑니다

세월

오늘도
낮과 밤이 없는 하늘입니다

보낸 세월
당신을 얼마나 사랑했을까

한 묶음 그리움
당신을 향하는 사랑입니다

오는 세월
당신을 얼마나 사랑할까

물안개

가슴 열어
그대를 향한 던진 사랑

차곡차곡 쌓이는
정든 세월의 소리

물안개 피는
깊은 생각에 잠겨

흐르는 나날 속에
자꾸만 피어오르는 물안개

물안개
풀어헤치면
던진 사랑 오는 길이다

봄

서글픈 밤이거늘
봄마저 서글퍼하는가

외로운 밤이거늘
봄마저 외로워하는가

세월은
어느 곳에서
봄을 기다렸는지

희미한 바람 소리
슬피 우는 봄

끝내
아지랑이 없는 봄인가

언제나 안녕을

 어느 이 만남이 아닌 그 누구의 길을 가고자
하는 인연이라면 때로는 고독과 함께 한, 나의
조그마한 사랑도 부질없는 인생이려니 하며
언젠가는 한 번쯤은 그리워하는 세월이겠지요.

 그리움으로 세월이 한참 지난 후에 보고파 하면
내 주어진 오늘 이 시간만큼은 만사 제치고 새벽
이슬을 접하고, 아름다웠던 모든 걸 다 잊는
시간을 향해 언제나 안녕을.

가로등

오늘 밤
애써 찾는 그 이야기는
한 잔의 칵테일에 담고

우두커니 서 있는
가로등 하나 외로운 밤이고

하나인 가로등 불빛은
여러 갈래로 가는 밤이고

멀어져 가는
밤을 잡고자 하는 이는
가로등 불빛이다

파도 이야기

그리운 해변
다시 온
파도 이야기

서로
붙잡은 손
은빛 물결
하얀 모래밭 이야기다

그리운 해변
다시 온
파도 이야기

서로
붙잡은 손
하얀 물결
하얀 갈대밭 이야기다

눈길에서

눈길에서
가던 걸음 멈추고

누구를
찾아야 하고
잊어야 하는지를

지나온
세월에서
우리 이야기를

기다린 겨울
하얀 눈을 사랑한
보고픈 인연이다

긴 머리 소녀

끼리끼리
가는 곳
음악다방이다

펜
종이
긴 머리 소녀

긴 머리
어깨선 나뭇잎 하나
'옛 시인의 노래' 음악이 흐르고

긴 머리
어깨선 나뭇잎 하나
숨겨진 나뭇잎 사랑이다

함께 가는
음악다방에서
늦은 가을 길이다

춘장대에서

둘이서
춘장대 해변 길

아침 이슬에
담아버린 우리 사랑

슬픈 파도에
실린 이슬

이제 와서
보낸 이슬 되돌리고 싶은데

후회한들
이미 가버린 사랑인 것을

둘이서 사랑한
춘장대 아침 이슬이다

바람의 계절, 그대 그리고 나

-

셋

바닷가에서

오는 해
빨간 빛깔
고개 든 빨간 꽃
이른 아침 코스모스 하늘
둘이서 걷는 바닷가이다

너와 나
새긴 세 글자
하얀 모래 밭
아직도 지울 수 없는 사랑
숨긴 채로
둘이서 걷는 바닷가이다

물보라
바위 틈
꽃망울 울음

달이 우는 바다

출렁이고

둘이서 걷는 바닷가이다

들꽃

저 멀리서
소리 내어 달려오는
봄이다

바람 불어
잠시 머물고 간
아지랑이다

갈 곳 없는
구름
산 중턱에 걸쳐있다

봄 소리
구름 소리
비바람 들꽃이다

우리 모습

우린
순수한 감정으로 만남을 시작했지요

1년이 지난

지금
우리 모습은 어떨까요
만나기가 서로 두려운 건 아닐까요
저만치 간 시간 속에서 흐느적거리다가
허허하고 웃고 말까요

지금은
처음 만났을 때처럼
그 자리 그 모습으로 있고 싶습니다

추억

오늘 스치는
추억들
어디에 있나요
지나간 세월인가요

마음 설레는
그리운 사람
어디에 있나요
지나간 세월인가요

세월 되돌아오는
사랑 앞에
우리는 어디에 있나요
지나간 세월인가요

세월 되돌아가는

사랑 앞에
우리는 어디에 있나요
지나간 세월인가요

너와 나

너와 나
나무 밑에서
등 돌린 채 앉아 있다

나뭇잎도
귀뚜라미도
떠나고

미운 가을 떠난
겨울이다

우리는
길가에서
깨진 얼음조각이다

외롭다
쓸쓸하다
흩어진 얼음조각이다

아픈 사랑

사랑해서
오는 그 수많은 일
우리 인생
행복했던 나날
하늘 아래 둘만의 세월

우리 사랑한
아픈 마음
멀리서 바라보는
애절한 사랑
산산이 흩어진 눈바람

구름 한 점
떠다니고
종이 한 장
약속한 사랑
우리 인연 보내야 할 사랑

낯선 거리

처음엔
벚꽃거리 막걸리

다음엔
금강의 오솔길

그다음엔
춘장대 검푸른 파도

오래된 거리
새로운 거리

낯선 거리
대천 바닷가
흩날리는 빗속에서
우리 아픈 사랑 함께해요

이슬

물 안갯속
피어오르는 이슬입니다

밤하늘
풀잎 이슬입니다

작은 촛불
간절한 마음으로

스치듯 마주한
이슬입니다

이슬 젖은
어두운 거리입니다

버스 안에서

처음
만남은
버스 안에서

다음
만남은
오거리 다방에서

커피 향
쉬어가는 길이다

하늘땅
속삭이는
연인들 밤이다

영화의 한 장면
오래된 극장 거리다

공원에서

점심시간이면
매일 강의실에서
만나는 사람이 있다

하루는
공원 연못에서 만났다
서로에 대해서 궁금하지 않다
우리는 좋아서 만난다

오리 배 타고
연화교 걷고
연못 내 식당에서 식사하고

찻집에 들어서자
그림자가 어둠에 덮혀지고 있다

어둠의 빛에서
우리는 식어 가는
커피 잔을 바라만 보고 있다

비 오는 날

만난 시간
너무 길어서
잊을 수가 없는데

날마다
함께 하는 곳
잊을 수가 없는데

오늘 하루
너무 길어서
헤어져야 하나

우리 인연
어떻게 하나

비 오는 날
우리 인연
다시 시작해야 하나

오직 한 사람만 좋아하잖아요

이름 없어요
불러주지도 않아요
그 흔한 다방에 가지도 못했어요

왜요

오직 한 사람만 좋아하잖아요

혼자서
우체국 옆 다방으로

왜 하필이면

처음 만난 장소잖아요

이름 있어요

불러주세요

그 좋은 찻집에 자주 가요

오직 한 사람만 좋아하잖아요

대둔산에서

차 한 잔에
대둔산에 왔다
대둔산에 여러 사람들이 있다

다음날 등산
처음 본 그녀가 힘들어 한다

오를 때
나무토막 하나 서로 잡고

구름다리 출렁일 때
자연스러운 더운 날 감정이다

내려올 때
풀벌레 밥 짓는 소리

어둠이
하나 둘 다가오고
별들이 잠든 캄캄한 밤하늘이다

하숙집

하숙집
위치가 참 좋은 집

하숙집
가까운 거리에 사는 사람

우리는 선후배
오고 가는 길
간식을 챙겨 주는 사람

예쁜 사람
무대 리듬은
무지개 색깔이다

하숙집 가는 길
같은 길이어서 좋다

서로 말하기 좋은 길이다

어느 곳이든
함께 하면 편안하다

도서관에서

책상에
몇 권의 책을
처음 본 옆자리에 커피 한 잔

서로 인사를
성과 이름은 세 글자 네 글자

그녀 집은
시청 가는 길
큰 도로에서
말 한마디 꾸물거리면
어느새
집 앞에 서 있는 우리

긴 터널 같은
골목길이면 얼마나 좋을까

우리는
하고 싶은 말들이 많은데

포도밭

포도밭
그녀가 좋아한다
원두막 포도 놀이

포도밭 나는 싫다
내뱉는 씨앗 때문에

그래도
포도밭 몇 번은 가야 한다

포도밭 가는 길
아카시아 잎 떼는
가위바위보 게임이다

포도밭
포도 껍질

빨개진 얼굴
보고 싶은 날
언제든지 가고자 한다

여주 신록사에서

한여름
빙수를 살포시 놓고 간
그녀

은행나무 길
그녀의 노란 바바리코트

책장 몇 장이면
노란 나뭇잎 편지

은행나무
그녀 향기로
사랑을 시작하고

그녀의 포근한 눈짓
깊어가는 가을 사랑으로

노란 가을 길에서
노란 잎 추억을 만들어갑니다

서울에서

하루 한 번은
다가오는 사람이 있습니다
궁금증을 자아내는 사람입니다

우리는
내일 행주산성에 갑니다

우리는
어디든 함께 갑니다

고양군입니다
우리 포근한 길이다
그녀 집 뒤에 작은 산이 있습니다

충무로 거리
필하모니 고전 음악 감상실

새벽이 오는 밤입니다

우린 한 걸음마다
추억의 주소입니다

5월이면

구름 한 점
새싹 하나에
봄비가 내려요

우리 발자취 봄이네요
봄은 우리를 불러줍니다
추억을 알려 줍니다

우리 봄은
삐비는 어디에 있지
나순개는 어디에 있지

오늘
5월이면 만납니다

우리 봄은
삐비를 뽑아요
나순개를 뽑아요

내장산에서

서울에서
전화벨 소리
정읍역에서 만나요
출발할 때 연락할 거야

알았어

내려올 때는 특급열차
새벽부터 기다리게 한 사람
내장산 새벽안개 이슬을 좋아하는 우리

새벽안개
아픈 사랑
나뭇잎 오색 이슬 스민다

돌아갈 때는 완행열차

몇 번이고 되돌아보는 시간
새벽안개 이슬비로 가는 너를
끝내 붙잡을 수가 없었다

마음 하나

오늘 내일
처음 본 사람

강의실 오고 가는
보통 사람들 이야기나 했을까

찻집에서
함께한 우리들 이야기

우리 둘
간직한 사랑은

빛바랜
흑백 사진 한 장인데

때가 되면
그대 그리고 나
마음 하나였다고

그대를 사랑합니다

솔솔 다가오는 바람의 여인
여기저기 행복을 전하는 민들레 여인
그대를 사랑합니다

아침 햇살 이슬 여인
열렬한 사랑을 전하는 접시꽃 여인
그대를 사랑합니다

밤새 젖은 이슬 여인
아침 하늘 순정파 코스모스 여인
그대를 사랑합니다

거친 파도에 이는 눈바람 여인
오직 당신을 사랑한다는 동백꽃 여인
그대를 사랑합니다

오늘 밤 그대 사랑을
기다리는 달맞이꽃을 사랑합니다

길모퉁이

시커먼 구름
소낙비 우는 처음 사랑이다

갈라진 구름
하얀 붉은빛 내리고

여기저기 오가는 사람들
한 사람이 오고

처음 둘이서
처음 사랑이고 처음 추억이다

달빛은
구름에 잠들고
별빛 손짓은 숨은 안개이다

길모퉁이 숨은 안개
우린 서로
잡은 손 놓을 수가 없었다

임이 오는 길

이슬 사랑은
임이 있는 곳
해 뜨는 곳입니다

조금이라도
더 보고 싶어서
더 사랑받고 싶어서

이슬은
밤새워 내린 비
울고 있어요

눈이 부은
이슬방울입니다

해 뜨는 아침
임이 오는 길
눈물 닦는 사랑입니다

그곳에서

하늘
산과 들이다

산 위
구름 하나
둘이다

산 밑
구름 하나
둘이다

산골짜기
이슬비 내리고

좁은 하늘
좁은 우산이다

바람의 계절, 그대 그리고 나

-

넷

인연 하나(1)

우리만큼
사랑하는 사람이
이 세상에 몇이나 있는지
길 가는 사람
붙잡고 물어보고 싶다

처음 만남부터
살며시 잡은 손
이 세상 다하는 날까지
사랑을 약속한 사람이 있을까

좋은 날
약속된 곳에서
깊은 사랑을
선택한 사람이 있을까

우리만큼

인연 하나로

우리만의 사랑이 있을까

인연 하나(2)

여름 냇가
옷 몇 가지로 빨래 놀이
우리 모습

하얀 거품 수채화
물보라 하얀 그림이다

우리 사랑
겨울 냇가에 간직하고

우리만큼
살아온 인생에서
아픈 상처가 있을까

슬픈 인연이라도
만나고 싶다

인연 하나로

집 나간

다른 사랑을 하고 싶다

꽃은 선이는 아름다워요

꽃은 아름다워요
당신은 누구이기에 아름다워요
꽃처럼 아름다워요

꽃 이름은요
꽃은 선이에요

꽃은 선이는
바람 불면 더 아름다워요
당신은 바람의 여자인가요

당신은 이슬을 아나요
눈가에 사랑이 젖어 있어요

봄이 왔어요
우리 사랑은 따뜻하고 아름다워요
꽃은 선이는 아름다워요

다시 만나 사랑하게요

우리 사랑 떠나야 하나요
우리 슬픈 사랑인가요
우리 사랑 쏟아지는 빗속에서 떠나요
우리 사랑 처음 본 그날로 떠나요

우리 만남 처음 사랑인 줄 알았어요
우리 인연 처음 사랑인 줄 알았어요
하루가 지나가면 미움도 사랑인 줄 알았어요
하루가 지나가면 다시 만난 사랑인 줄 알았어요

이젠 우리 사랑 보내는 사랑은 그만해요
이젠 우리 사랑 다시 오는 사랑을 해요
우리 다시 만나 사랑하게요
우리 늘 함께하는 사랑만 해요

서울 거리

내 마음속에서
글자 몇 개를 꺼내고
싶었던 시절

내 마음속에서
영화의 거리를 걷고
싶었던 시절

어느 곳에서
종이 몇 장 받아 들고
전화기 하나 들고
'여보세요' 등 여러 동작들

어느 곳에서
종이 한 장 받아 들고
꿈 하나 보따리 하나

서울 거리

을지로 오색 불빛 거리

소중한 인연을 맺었던 거리

겨울

구름 따라
바람 가는 곳

구름 쉬어가는 곳
눈이 내리고

피는 꽃 지는 꽃
눈이 내리고

떠난 잎사귀
쓸쓸한
호박 한 덩이 하얗다

하얀 눈꽃

첫눈
처음 눈
하얀 눈꽃이 피면
눈 내리는
장소에서 만나는 날

찻집보다는
길에서 만나는 날

어느 도시든
역 앞에서 만나는 날

어느 시골이든
터미널 앞에서 만나는 날

첫사랑

처음 사랑 굴레에서
하얀 눈꽃이
피는 날이 좋다

미련

그대
떠난 자리
헤어지는 사랑이라고 말해요

사랑 한번
더하고 떠나요

미워도 미워지는
사랑을 하고 떠나요

떠나는 그대
떠난다 해도 슬프지 않아요

다시 오는
사랑을 해야 하잖아요
우리 헤어져도 사랑해요

비가 오면

혼자이고 싶다
비를 맞으며 걷고 싶다

예전에 좋아했던 사람
추억을 되돌아보는 시간이다

지나간 시간
머물 수 있어서 행복하다

사랑의 비가 오면
우리가 걸었던 거리에서

비에
흠뻑 젖어 혼자이고 싶다

허수아비 사랑

그녀 틀에서
그녀 색깔 사랑이다

우리 모습
색깔 실랑이는 없다
내 마음대로 선택할 수가 없다

그녀 손짓에
고개만 끄덕인다

구속된 사랑
따라가는 사랑
허수아비 사랑

오라 하면 오고
가라 하면 가고 하는 사랑

이 세상

하나뿐인

허수아비 사랑을 좋아한다

사랑

소중한 사랑
비밀로 여겨진 사랑

오늘은
우연한 길
서로 바라본 인연으로 사랑하고

내일은
말 한마디
맺은 인연으로 사랑하고

우리는
먼 길 떠나서
다시 돌아오는 사랑으로

우리는
늘 같은 마음
늘 가던 길 사랑이다

노을빛 여인(1)

우연히
마주칠 때마다
연한 웃음이다

차 한 잔
새색시 손놀림이다

청바지
블라우스
수줍은 노을 모습이다

노란 탱자
탱자나무 가시다

노을 진
탱자나무 길
둘이서 우연한 길
탱자 향기 한 바구니다

노을빛 여인(2)

논산 들러
개나리꽃 노을빛 여인

부산 해운대 들러
갈매기 물결 노을빛 여인

강원도 소양강 길 들러
겨울 호수 노을빛 여인

사계절 두 번 보낸 산골
'소양강 처녀' 노래 부르는
노을빛 여인

산골 생활
많이 그리워한 청바지 블라우스

호남선 기찻길 '산과 들' 이야기
처음 본 '우연한 사랑' 이야기
함께하는 우리 이야기다

갈대 밭

갈대 밭
해 기울면
지나간 소낙비
가을밤에 만난 사람

갈대 밭
달빛 내리고
안갯속 새벽이다

해 뜨자
떠난 사람

가을비
가을바람
젖은 잎 낙엽이다

가을 내내
걸었던 갈대 밭
가슴에 스미는
하얀 겨울바람이다

바라본 당신

당신은 항상 아름다운 꽃입니다

바람 불어도
비가 내려도
눈이 내려도

당신은 항상 아름다운 꽃입니다

당신은
항상 더 아름다운 꽃으로
항상 더 아름다운 향기로

많은 세월이 가도
당신은 예전의 아름다운 꽃입니다

많은 세월이 가도
당신은 예전의 아름다운 향기입니다

당신은 항상 아름다운 꽃입니다

훔친 사랑

훔친 사랑으로
만났던 사람

훔친 사랑도
달콤한 사랑이다

계절 하나
지나면

한 사람
떠나야 할 사랑

한 사람
훔친 사랑
돌려줄 수 없는 사랑

훔친 사랑
시커먼 구름
비 내리는 어둠이다

치악산 가는 첫째 날

기차 안에서
창밖에만 바라보고 있다

하나의
사랑을 위한 기차 여행이다
둘만의
사랑을 위한 기차 여행이다

새싹으로 시작한 사랑
봄의 사랑을 그리워하는 사이

한 해가 갈 때마다
사랑의 무게가 다르다
이번 무게는 밤하늘 카페이다

오늘은

카페에서 노래 부른다
통기타 빗줄기 흐르는 눈물이다

내일은 치악산으로

치악산 가는 둘째 날

긴 세월
계절이 하나라면 얼마나 좋을까

사계절
사랑을 느끼는 감정이 다르다

너무 많이 사랑해서
너무 쉽게 헤어지는 사랑인지

오래된 사랑인데
오늘 하루하루 이별 여행이다

사랑이 뭐길래
지나온 세월마다
봄여름 가을겨울 힘든 사랑이다

치악산

별빛이 오는 밤

늦은 밤 돌아가는 길이다

치악산에서 돌아가는 길

떠나는 사랑
다시
사랑할 수가 있다 해도
그러한 사랑은 그만할래요

떠나간 사랑
흔들리는 마음
손끝에서 오는 사랑을
느낄 때

인연으로
다시 만난 사랑이라면

처음 사랑한
마음으로
우리가 사랑했던
추억들 또다시 사랑해요

산골 소녀

참 곱다
순수하다
산골 소녀다

산골
안개꽃
새벽 아침이다

산골
풀잎 소리
해 뜨는 빛이다

산골
굽이굽이
흐르는 가을
국화 향기다

산골 향기는
그 소녀다
사계절 향기다

대학
처음 학년
처음 시험이다

학번은
바로 앞 다음이다
마음 씀씀이 매우 곱다

막걸리다 소주다
토종 한봉 꿀이다
토종 사랑이다

그 소녀는
상큼한 풀잎이다
상큼한 이슬이다

그 소녀는
나의 국화 향기다
많은 날 찾았던 사랑이다

하숙집 토요일

하숙집 하나
하숙집 하나 친구

장미 호떡집
하얀 눈 내리고

하얀 바지
하얀 눈이 어울리는 사람

식품영양학으로 밥하기
볶음밥 매우 짜지만 맛은 있다

'끝없는 사랑' 영화 보기
하숙집 인연으로 만난 사람

모습은

해 뜨고
해 지는 빨간 미소
우리 공간 긴 시간이다

서로가 친했지만
좋아하는 사이인지 모르고 만났다

2층 집이다
시야가 넓다
그녀가 오는 것을 볼 수 있다

하숙집 하나
고마운 사람이다

하숙집 하나 친구
긴 머리 날리는 하얀 빛깔이다

마주 본 사랑
하얀 눈 가로등 밤이다

하얀 눈
날리는 사랑
우리 인연 좋은 그림이다

선이의 노래

이 작은 책을
책방에서 보거든

이 작은 책을
길거리에서 보거든

이 작은 책에
사랑하는 사람이 있거든

미움도 사랑이고
미움도 변하지 않는 사랑이라고

노랫말을 사랑한 사람
그토록 사랑한 그 님을 보내고

노랫말을 사랑한 사람

정답던 얘기 가슴에 가득하고

노랫말을 사랑한 우리는
세월의 아픔은 우리뿐이라고

이 작은 책이
여기저기 찢어져 오고 가는
사람들 사이의 종이 한 장이지만

그대 손에서는
이 작은 책 아픈 상처도
이 또한 사랑이라고 말해주오

바람, 나뭇잎 하나

봄여름
가을겨울 사랑
오고 가는 바람의 나뭇잎 하나

바람의 계절
하늘에서 땅에서
새들 풀벌레들 음악에
꽃들이 하나 둘 피고 지고
억새꽃 사이 바람에 이는 하얀 눈
앞산 안개 이슬에 이는 숨겨진 사랑

그대 그리고 나
사랑하면 사랑한 대로
지금 여기 살아온 길에서

'어둠의 이슬, 별 하나를 사랑한다면' 시인이 되는 거죠.

'바람, 나뭇잎 하나 둘 다음 셋이면' 예술이 되는 거죠.
'그대 그리고 나, 설레임이 있다면' 사랑이 아닐까요.

다음 이야기

학창 시절을 떠난
살아온 길에서
추억들을 담은 종이 상자를 꺼내

종이 한 장 이야기를
종이 여러 장 이야기를
겉표지 종이 한 장 묶음을

소중한 사람에게
사랑하는 사람에게
전할 수 있다면 살아온 길 행복입니다.

강윤수 시집

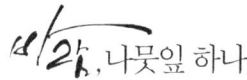, 나뭇잎 하나

인쇄 2020년 1월 2일
발행 2020년 1월 7일

지은이 강윤수
발행인 서정환
펴낸곳 신아출판사
주소 전라북도 전주시 완산구 공북1길 16
전화 (063) 275-4000
팩스 (063) 274-3131
이메일 sina321@hanmail.net
출판등록 제465-1984-000004호
인쇄·제본 신아출판사

저작권자 ⓒ 2020, 강윤수
이 책의 저작권은 저자에게 있습니다. 서면에 의한 저자의 허락없이 내용의 일부를 인용하거나 발췌하는 것을 금합니다.
COPYRIGHT ⓒ 2020, by Kang Yunsu
All rights reserved including the rights of reproduction in whole or in part in any form.
저자와 협의, 인지는 생략합니다.
잘못된 책은 바꿔 드립니다.

ISBN 979-11-5605-709-3 03810
값 10,000원

> 이 도서의 국립중앙도서관 출판예정도서목록(CIP)은 서지정보유통지원시스템 홈페이지 (http://seoji.nl.go.kr)와 국가자료공동목록시스템(http://www.nl.go.kr/kolisnet)에서 이용하실 수 있습니다. (CIP제어번호: CIP2019051807)

Printed in KOREA